AF330561

DE
LA NÉCESSITÉ

D'UN

RAPPROCHEMENT

SINCÈRE ET RÉCIPROQUE

ENTRE

LES RÉPUBLICAINS ET LES ROYALISTES.

DE

LA NÉCESSITÉ

d'un

RAPPROCHEMENT

SINCÈRE ET RÉCIPROQUE

entre

LES RÉPUBLICAINS ET LES ROYALISTES;

Par M. TASCHEREAU DE FARGUES,

ANCIEN ENVOYÉ PRÈS LA COUR DE MADRID.

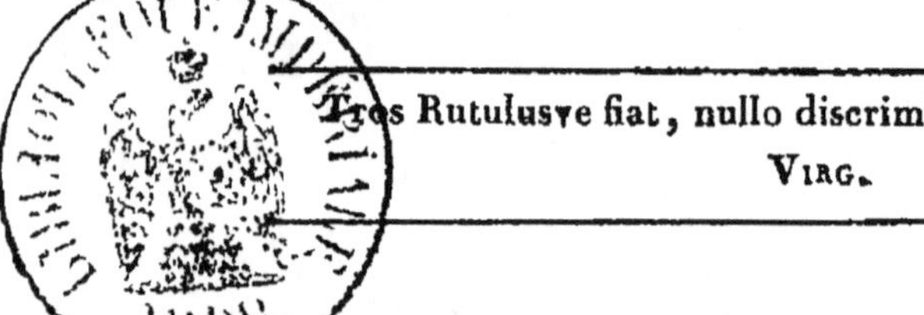

Tros Rutulusve fiat, nullo discrimine habeto.

Virg.

DEUXIÈME ÉDITION.

PARIS.

IMPRIMERIE D'A. BERAUD,

RUE DU FAUBOURG SAINT-MARTIN, N°. 70.

1815.

AVERTISSEMENT.

L'ouvrage dont nous publions ici la seconde édition, parut dans les premiers jours du mois de janvier; il obtint le suffrage des amis du Roi, de tous les amis d'une sage liberté. M. le comte de Blacas, M. le chancelier Dambray, plusieurs maréchaux de France, plusieurs ministres, de grands fonctionnaires (*), connus par leur dévouement au Roi et à la Patrie, témoignèrent à l'auteur combien ils étaient satisfaits des principes développés dans cet écrit; il fut jugé utile, salutaire, et éminemment français, dans les conjonctures où se trouvait alors la chose publique.

Depuis cette époque, les conjonctures sont devenues bien plus graves, bien plus impérieuses; elles donnent un nouveau degré de force, de vérité et d'intérêt aux maximes renfermées dans cette production. Nous croyons donc faire acte de patriotisme, et

(*) Voyez, à la fin de l'avertissement, les Lettres des divers Fonctionnaires publics, adressées à l'auteur, au sujet du présent ouvrage.

par conséquent de fidélité et d'amour pour Louis XVIII, en rappelant cet ouvrage à tous les Français; il est écrit dans l'intérêt de tous. Lorsqu'un Monarque, essentiellement bon et juste, se dévoue au salut de l'Etat, et conjure ses enfans de mettre enfin un terme aux dissentions civiles; lorsque les princes de son auguste maison n'ont d'autre ambition, d'autre désir que de fonder l'autorité royale sur l'inébranlable base des libertés de la nation; lorsque cette nation, désolée par vingt-cinq ans de troubles, de calamités et de guerres, n'a plus d'espoir de salut et de paix que dans le retour, dans l'exercice de l'autorité légitime et héréditaire, alors tous les sujets fidèles doivent se presser autour du trône : l'honneur, le devoir, l'intérêt, l'ordonnent également aujourd'hui.

Il est du devoir de tous les bons Français d'environner ce trône de leurs vœux, de le défendre de tous leurs efforts, de le seconder de tous leurs sacrifices. La Patrie, l'Etat, la liberté politique et civile, la fortune publique et les fortunes particulières, sont inséparablement unis à la stabilité, à la gloire de la maison de Bourbon; il est donc, plus que jamais, convenable d'énoncer des sentimens que réclament tant d'intérêts, tant de devoirs.

A la suite des plus violentes tempêtes, échappés à peine d'un naufrage qui menaçait d'engloutir la patrie elle-même, il ne nous reste qu'un seul moyen de salut, l'autorité royale, et par conséquent la charte constitutionnelle, qui garantit à la fois les prérogatives du trône et les droits de la Nation. Ces prérogatives et ces droits doivent être immuables.

A aucune époque de l'histoire, la civilisaion et les peuples n'avaient été exposés à des périls aussi extrêmes; l'Europe entière s'est armée pour faire triompher les principes de la légitimité, c'est-à-dire les principes de la conservation et de la paix publiques. Mais, jamais une Nation n'avait été elle-même si près de sa ruine, que le fût la Nation française, par la violation et le mépris total de ces principes.

Heureusement, le Monarque dont tous les cœurs désiraient le retour, ce Monarque fort de son expérience et de son amour pour ses peuples , leur a donné une charte constitutionnelle qui concilie tous les vœux exprimés, depuis vingt-cinq ans , en faveur de la liberté ; dans ce monument immortel de la sagesse et des lumières du Roi , tous les droits sont garantis et toutes les prétentions conciliées. Ce que le progrès des lumières, la stabilité de l'Etat et le bonheur des individus exigeaient de réformes et de créations, se trouve réuni dans les dispositions diverses de cette charte ; elle fonde, elle balance les pouvoirs politiques avec un art admirable ; elle oppose à l'anarchie et au despotisme une digue également insurmontable ; elle est appropriée aux idées du siècle , aux mœurs de la Nation, aux anciennes habitudes des peuples ; en un mot, elle renferme en elle-même tous les élémens de régénération et de force ; et tels sont les avantages inappréciables de cette charte, qu'elle n'offre pas moins de sûreté pour l'avenir, que de gages pour le présent.

En effet , les institutions qu'elle crée ont le pouvoir, et elles ont le droit d'opérer les

changemens que l'expérience fera reconnaître nécessaires ; d'opérer ces changemens
sans secousses , d'une manière régulière ,
fixe, stable ; de les opérer enfin par des
moyens qui, loin d'attenter à la constitution,
doivent, au contraire, affermir de plus en
plus les bases sur lesquelles reposent les droits
du trône et les libertés de la Nation.

Le salut de la France est donc attaché désormais à l'observation stricte de la charte ;
le salut de la France est par conséquent assuré , lorsque le Monarque, auteur de cette
noble concession ou reconnaissance de droits,
lorsque les princes de son auguste maison
sont dans la ferme intention d'empêcher qu'il
soit porté atteinte à l'acte fondamental du
Royaume, lorsqu'ils sont invariablement ré-
solus à observer et à défendre le contrat so-
lennel qui a réconcilié une grande Nation
avec elle-même et avec l'Europe. *Vive le
Roi !* tel est le cri de tous les cœurs français ; *vive la charte !* telle est aujourd'hui la
devise de tous les fidèles sujets du Roi de
France et de Navarre.

Au moment où la plus illustre, et on peut l'espérer, la plus sage des assemblées politiques va porter aux pieds du trône l'assentiment de la Nation à toutes les mesures qu'exigera le salut de la patrie, dans ce moment, nous nous ferons un devoir de rappeler des sentimens et des vœux conformes à toutes les volontés comme à tous les intérêts. Et quel est le Français qui, dans de si grandes conjonctures, puisse ne pas sentir son cœur tressaillir au seul nom de Roi et de Patrie! Quel est le citoyen qui puisse demeurer étranger aux destinées de son pays, lorsque ces destinées vont être fixées sans retour, lorsque notre propre conduite va décider si nous resterons encore une nation, si nous aurons encore une patrie! Ah! ce serait calomnier l'amour des Français pour leurs Rois, ce serait outrager leur honneur, que d'oser concevoir un doute semblable.... Nous fûmes tous malheureux, nous fûmes tous coupables, nous fûmes tous égarés ; la même bonté veut nous sauver tous. Voilà la pensée de Louis XVIII, voilà la charte !!!

Répondons tous à la volonté du Monarque,

environnons son trône de notre amour, donnous-lui tous les moyens de sauver le royaume; et que la prospérité de l'Etat naisse de l'union sincère de tous les sujets, et soit à jamais garantie par leur fidélité.

Cette seconde édition d'un ouvrage qui n'avait pour but que de faire sentir la nécessité de cette union, de cette fidélité, a été revue et corrigée avec soin. Il fut accueilli alors par tous les bons esprits; nous espérons qu'il sera reçu aujourd'hui avec la même bienveillance : nous aurons obtenu, dans ce cas, la récompense la plus flatteuse et la plus douce pour notre cœur.

LETTRES

DE DIVERS FONCTIONNAIRES PUBLICS, ADRESSÉES A
L'AUTEUR, AU SUJET DU PRÉSENT OUVRAGE.

Paris, le 23 Janvier 1815.

J'AI reçu, Monsieur, et lu avec tout l'intérêt
qu'il mérite, l'ouvrage que vous avez bien voulu
m'adresser : il est aussi bien écrit que pensé, et
fait infiniment d'honneur au bon esprit et au ta-
lent de son auteur. Je crois, comme vous, que rien
ne peut être plus utile que de le répandre. Si vous
voulez m'en envoyer quelques exemplaires, je me
ferai un devoir de les distribuer, et je suis sûr
que tous ceux qui connaîtront cet ouvrage, éprou-
veront à sa lecture le même plaisir que moi.

Recevez, je vous prie, Monsieur, l'assurance
de ma considération très-distinguée.

Signé LE MARÉCHAL DUC DE RAGUSE.

———

Paris, le 24 Janvier 1815.

JE n'ai pas eu le temps, Monsieur, de lire en
entier l'écrit que vous m'avez adressé, mais il m'a
suffi de le parcourir, pour observer qu'il était

rédigé dans un esprit de paix et de conciliation, dont il est à souhaiter qu'on ne s'écarte jamais; quand on traite ces questions délicates, auxquelles, tant de passions et de prétentions diverses sont toujours prêtes à se rattacher.

Je suis, Monsieur, votre affectionné à vous servir.

Signé LE CHANCELIER DE FRANCE, DAMBRAY.

————

Paris, le 7 Février 1815.

J'AI reçu, Monsieur, l'ouvrage que vous avez bien voulu m'envoyer; les sentimens qui y sont exprimés, et les vues qu'il renferme, sont dignes d'un Français aussi zélé pour le bien de l'Etat, que dévoué à la personne du Roi.

Recevez mes remercîmens, et l'assurance de ma parfaite considération.

Signé BLACAS.

————

Paris, le 10 Février 1815.

JE m'empresse, Monsieur, de vous remercier de l'exemplaire que vous avez bien voulu m'envoyer de l'écrit publié par Monsieur votre neveu, le co-

lonel Lourde ; je le lirai avec beaucoup d'intérêt ;
mais je n'attendrai pas d'être à portée de faire à
l'auteur tous les complimens qu'il mérite , pour le
féliciter des vues dans lesquelles il a composé son
ouvrage.

Je suis charmé, Monsieur, qu'il m'ait fourni
une occasion de vous renouveler l'assurance de ma
considération.

Signé BEUGNOT.

DE
LA NÉCESSITÉ

D'un rapprochement sincère et réciproque entre les Républicains et les Royalistes.

———

Lorsque les princes français sont entrés dans le royaume, ils ont dit : *Il n'y a rien de changé en France ; il n'y a que quelques Français de plus.*

Lorsque Louis XVIII est revenu parmi nous, il a dit : *Je ne vois dans les Français que des frères.* Ce monarque s'est montré comme un père au milieu de ses enfants, et chacune de ses paroles a porté l'empreinte de ce caractère auguste.

La déclaration de Saint-Ouen a reconnu et consacré les droits nationaux ; elle a offert les premières garanties royales sur la *non-recherche*, sur l'entier *oubli* des *votes*, des *opinions politiques*, quels qu'ils eussent été jusqu'à ce jour. La charte constitutionnelle a donné une sanction sacrée à ces promesses solennelles émanées de la bouche du roi et des princes ; elle a imposé silence à toutes les passions, et elle a jeté un voile religieux sur toutes les opinions, ainsi que sur les actions politiques qui avaient précédé l'époque de la restauration.

Une garantie historique, et de tradition dans le cœur des Français, est venue confirmer de plus fort toutes les promesses royales ; c'est le mot d'Henri IV, *et qui oserait dire que le roi de Navarre ait jamais manqué à sa parole !* Tous les Français ont dit alors : Louis XVIII est à la fois le descendant de saint Louis et le fils d'Henri IV.

C'est une grande vue politique, c'est une haute considération d'intérêt social, d'avoir élevé un mur d'airain entre le passé et le présent, d'avoir réuni les temps dans un même esprit de concorde et de paix. Mais il faut, pour la sûreté publique et pour l'intérêt de chacun, que ceux qui voudraient franchir ce mur d'airain, ou essayer de le renverser, soient frappés comme ceux qui, selon les saintes écritures, touchaient l'arche du Seigneur; car la déclaration de Saint-Ouen et la charte constitutionnelle forment l'*arche d'alliance.*

Violer ce pacte sacré, affaiblir ou briser ce lien des esprits et des cœurs, ce serait trahir le monarque et les peuples, ce serait attenter aux droits du trône et aux libertés de la nation.

Les barrières politiques ainsi posées,

les chaînes de la loi constitutionnelle ainsi tendues devant toutes les haines, tous les partis, toutes les passions funestes, cherchons les moyens de concilier, de réunir sincèrement les hommes de toutes les époques, de toutes les opinions, qui se trouvent dans l'intérieur de ces barrières. C'est à la raison, à la justice, qu'il appartient de présider le congrès où doit s'opérer la pacification générale des esprits et des cœurs.

Deux grandes démarcations ont eu lieu entre les Français; elles ont été produites par la révolution, celle de républicains et celle de royalistes.

Qu'ont voulu les républicains, instruits par l'expérience? Une constitution assise sur le système représentatif, des lois fixes et égales pour tous, des impôts consentis par les représentants de la nation et des dépenses contrôlées par eux, la liberté de la pensée et l'exercice inaltérable de la

liberté civile , la responsabilité des ministres, le droit de pétition, et l'admission
des citoyens de toutes les classes aux divers emplois publics. Ils ont voulu de plus
qu'il n'y eût aucun réfuge pour le pouvoir
despotique, ou arbitraire, ou ministériel;
car ce pouvoir détruirait les libertés et
les droits, si la charte constitutionnelle
n'arrêtait pas les prévarications , ou ne
punissait pas les infractions commises
contre les droits publics et particuliers des
citoyens.

Que veulent les royalistes éclairés? Pré-
cisément les mêmes choses; leurs vœux sont
écrits dans la charte émanée du roi , et
cette charte renferme toutes ces choses;
elle exprime, par conséquent, les vœux
des républicains et des royalistes, et les
uns et les autres sont d'accord dans le fond.

Le rapprochement entre les royalistes
et les républicains, n'est donc pas si dif-

ficile à opérer , puisqu'ils professent les
mêmes principes, puisqu'ils ont exprimé
les mêmes intentions , puisqu'ils obtiènent
les mêmes avantages. J'irai plus loin ; je ne
craindrai pas d'assurer que les républicains de bonne foi reconnaissent aujour-
d'hui qu'ils se sont trompés sur les formes, soit spartiates, soit romaines, qu'on
avait follement prétendu donner à la nation ; ils sont persuadés par leur propre
expérience, d'après toutes les leçons du
malheur, que les formes monarchiques sont
seules compatibles, seules analogues aux
mœurs, aux usages, aux habitudes, aux
souvenirs, et surtout au caractère français.
Ces hommes égarés par de fausses doctri-
nes, entraînés par la violence des évène-
ments, ou séduits par les prestiges de la
liberté, ces hommes ont vu, en effet, ils
ont éprouvé tous les désastres, toutes les
calamités publiques et particulières qu'en-

fantent la liberté démocratique et un système de gouvernement qui provoque toutes
les ambitions politiques, et conduit nécessairement à l'usurpation de la puissance et
à la tyrannie d'un seul; ils ont senti, il
leur a été démontré par les faits, que la liberté
monarchique et un système de gouvernement qui réprime toutes les grandes ambitions, conduit nécessairement les états et
les peuples à la prospérité et à la paix, parce
que les droits légitimes, incontestables,
sacrés, d'un monarque héréditaire, oppo-
sent des obstacles invincibles à l'ambition
et à l'usurpation du pouvoir. Toutes les
républiques d'une certaine étendue, ont
vu leur puissance tomber, malgré les meil-
leures lois, entre les mains d'un usurpa-
teur; elles ont fini par la tyrannie, tandis
que les monarchies, au contraire, se sont
toujours maintenues hors de l'usurpation
par le droit d'hérédité qui constitue leur

essence propre. Cela est si vrai, que la monarchie *élective* est la forme de gouvernement la plus vicieuse qui puisse exister; c'est un foyer éternel de troubles et de dissensions civiles.

Les corps politiques ne se reposent que dans leur centre de gravité, et l'*hérédité* du pouvoir est ce centre. Voilà pourquoi les républiques les mieux constituées sont dans une agitation continuelle ; voilà pourquoi les monarchies, même celles qui manquent d'une juste répartition de forces politiques, jouissent d'un long repos. La révolution française a jugé, définitivement, toutes les théories et toutes les pratiques ; la révolution a démontré deux choses, qui sont comme deux grands résultats incontestables ; 1° elle a prouvé aux royalistes, que le pouvoir absolu ne peut plus exister en France ; que les actes, les impôts et les décisions arbitraires ne peuvent plus y être

tolérés, et que la monarchie limitée, c'est-
à-dire, témpérée par des lois fixes et inva-
riables, peut seule obtenir l'obéissance et
le respect public; 2° elle a prouvé aux ré-
publicainsque le gouvernement monarchique était le meilleur, le plus désirable de
tous, lorsqu'il était fondé sur des principes
libéraux, et lorsqu'il garantissait d'une
manière suffisante, positive, les droits
du trône et ceux de la nation.

Il n'y aurait donc d'autre difficulté au
rapprochement des royalistes et des républicains, que les formes politiques ou de
gouvernement; mais j'ose croire que,
sous ce rapport, la réconciliation serait
praticable et même facile, autant qu'elle
est avantageuse et nécessaire.

Les républicains éclairés ne peuvent se
dissimuler que la civilisation est trop per-
fectionnée, et peut-être aussi trop avan-
cée en France, pour que cette nation

puisse jamais rétrograder vers les formes sévères et purement républicaines qui caractérisent le second âge des nations. Tous les paradoxes du *Contrat social* sont aujourd'hui frappés d'un juste anathème ; il ne s'agit pas non plus de raisonner, comme M. de Montesquieu, d'après de fausses citations historiques, ou sur des abstractions métaphysiques. Il n'est pas question d'examiner ici si la *vertu* est le principe du gouvernement républicain, puisque la vertu est ou doit être le principe de tout bon gouvernement. Que signifie d'ailleurs cette distinction entre l'*honneur* et la *vertu ?* Est-ce qu'il peut y avoir de la vertu sans qu'il y ait de l'honneur, politiquement parlant ? Il suffit d'être bien convaincu, et tous les esprits le sont maintenant en France, que non seulement des institutions, mais des formes républicaines, ne sauraient convenir à une nation vieillie par le luxe, la gloire, les sciences et les arts ; des institutions semblables sont en opposition directe avec l'*esprit* de cette nation, elles né sauraient par conséquent y *subsister*. Toutes les histoires offrent la preuve de cette vérité que l'on peut appeler fondamentale.

Les royalistes éclairés ne peuvent pas non plus se dissimuler que la France est trop instruite de ses véritables intérêts et de ses droits, pour rétrograder vers l'*ancien régime*, c'est-à-dire vers les ordres privilégiés, les impôts discrétionnels, le pouvoir absolu et les actes arbitraires des ministres ; vers la noblesse féodale, les prestations seigneuriales et les servitudes bannerettes. Les ordres privilégiés firent d'eux-mêmes, il y a vingt-cinq ans, l'offre d'un généreux abandon de leurs *droits* ; ils sentirent combien ces prérogatives étaient opposées aux intérêts de l'Etat et des peuples.

Si la noblesse doit orner et soutenir en partie l'édifice de la monarchie, d'après la charte, elle n'en est pas le fondement comme dans le régime féodal ; si elle est aujourd'hui une distinction individuelle ou de famille, elle n'est plus comme autrefois un ordre, ou plutôt un gouvernement dans l'Etat ; si elle devient à l'avenir l'honorable et juste récompense de la fidélité au prince ou des services rendus à la patrie, elle ne peut plus devenir un moyen de tyrannie contre les peuples ou de révolte contre les rois : et c'est ici que l'on peut remarquer la sagesse de la charte ; elle laisse au roi, juge suprême des bonnes actions, des grandes actions, le droit de conférer l'*hérédité* de la pairie aux familles qui voyent un de leurs membres honoré de cette dignité. Les distinctions honorifiques ou nobiliaires sont utiles et indispensables; une noblesse privilégiée est à la fois anti-royale et anti-nationale : c'est un Etat dans l'Etat.

L'homme d'État le plus profond, le plus grand ministre qui ait jamais existé, le premier ministre de Louis XIII, professait ces principes; il sauva l'autorité royale et la monarchie française.

Puisqu'on n e cesse, depuis un demi-siècle, de parler de l'Angleterre, de se prévaloir de sa constitution et de ses lois, il convient de se rappeler ici que la noblesse est dans ce royaume portion essentielle et intégrale de la souveraineté; elle y exerce des droits consentis par le monarque et par le peuple : elle est partie fondamentale de la législation; mais en même temps elle se trouve placée dans l'ordre civil, hors de tous les priviléges et de toutes les prérogatives qui n'appartiènent pas à la législation. En Angleterre, un noble concourt à l'exercice de la souveraineté à *Westminster;* mais un noble n'est qu'un simple particulier *à la cité.* Les Anglais ne connaissent de gentilshommes que dans le parlement, et ces gentilshommes s'honorent d'être simples citoyens, lorsqu'il s'agit d'acquitter les impôts, de défendre l'État, de contribuer à la prospérité de la nation, de soutenir la grandeur du nom anglais. L'on peut dire que la noblesse des pairs, en Angleterre, est une *noblesse véritablement nationale.* Quel est, dans un État, dans tout gouvernement, le noble dont la dignité, et si l'on veut, l'orgueil, puissent ne pas être satisfaits des prérogatives dont jouit la noblesse en Angleterre? Voilà la véritable noblesse, celle qui se concilie admirablement avec les intérêts du prince et les droits du peuple; voilà la seule noblesse

que les lumières du siècle et les progrès
indestructibles de la raison humaine con-
sentent désormais à reconnaître, la seule
qu'on puisse admettre avec succès dans
tout gouvernement libre, sage et réguliè-
rement constitué.

Il en est de même du clergé; le clergé
n'est pas, il ne peut pas être un ordre dans
l'État. Les fonctions des ecclésiastiques
sont purement religieuses; ils sont appelés
ministres du culte, et le culte divin est
par sa nature étranger à toute administration politique. *Mon royaume n'est pas
de ce monde,* a dit le fondateur de la
religion chrétienne. Soumis de droit, le
clergé doit être, par conséquent, soumis
de fait à l'autorité royale, à l'intérêt national; c'est pour appuyer constamment
cette autorité, et défendre constamment
cet intérêt, que les ecclésiastiques, quelque
rang qu'ils occupent dans la hiérarchie

religieuse, doivent être justiciables des mêmes. lois, puisqu'ils sont tenus aux mêmes obligations que les nobles, que les citoyens de toutes les classes, sans nulle distinction.

Ces vérités politiques sont aujourd'hui universellement senties et reconnues; elles sont en pleine circulation dans tous les États de l'Europe, et principalement en France où elles ont pris leur origine. L'imprimerie a rendu ces vérités éternelles, communes à tous les temps, à tous les lieux, à tous les esprits; elles ne peuvent plus être ensevelies dans les ténèbres, ou disparaître; elles forment pour ainsi dire le droit public des nations, et il serait aussi injuste et dangereux de s'opposer à leur application en matière de gouvernement, qu'il serait absurde et inutile de contester leur évidence en matière de législation.

D'après ces maximes, les royalistes et

les républicains doivent sentir la nécessité de se rapprocher sincérement, *sous la bannière des droits politiques établis par la charte, et des formes monarchiques consacrées par la restauration.*

Tout le monde a désiré, a voulu, ou a reçu avidement et avec reconnaissance, cette restauration qui cicatrisait tant de plaies, mettait fin à toutes les sortes de calamités, et fermait pour jamais la carrière des révolutions ; tout le monde a vu dans le monarque qui nous a été enfin accordé par la providence, le véritable restaurateur des libertés de la nation, un roi de sagesse, de justice, de paix, qui rendait la France à l'Europe, et qui remettait la monarchie française à la place qu'elle doit occuper, dans le systême politique, pour assurer le repos et la prospérité de tous les états.

Ici, tout a été régulier et légitime, et tout est salutaire et stable par conséquent. Nulle indécision sur les droits, nul doute sur les prérogatives, nulle contestation sur les titres ; ils sont également reconnus, avoués par les républicains et les royalistes, par la nation française et les divers États de l'Europe : il n'y a donc aucun dissentiment possible, probable, il n'existe aucun point de division fondée. Le monarque qui est rentré en France, a paru sur ses frontières précédé par soixante et dix rois ses aïeux, par quatorze siècles de gouvernements et d'institutions, dont le consentement ou la reconnaissance des peuples n'avait, pour ainsi dire, formé qu'un gouvernement et une dynastie ; mais, ce monarque sage, éminemment éclairé, instruit par l'expérience et le malheur, qui font les grande rois, ce monarque élevé à l'école d'Henri IV, s'est regardé comme le fondateur d'une dynastie en quelque sorte nouvelle sous le rapport de la civilisation et de ses progrès, et il a dit : *Nous avons dû apprécier les progrès toujours croissants des lumières, les rapports nouveaux que ces progrès ont introduits dans la société, la direction imprimée aux esprits depuis un demi-siècle, et les graves altérations qui en sont résultées ; nous avons reconnu que le vœu de nos sujets pour une charte constitutionnelle était l'expression d'un besoin réel* (préambule de la charte). Louis XVIII a donc promulgué la charte constitutionnelle ; un nouveau royaume a été créé en quelque façon, et une ère nouvelle a existé aussitôt pour tous les Français *indistinctement* ; car le monarque a interrogé les institutions et les siècles, il les a jugés dans sa prudence ; plein de sa dignité et de sa force, il a royalement obéi aux irrésistibles impulsions de l'esprit humain ; et admettant au conseil de sa volonté, si l'on peut s'exprimer ainsi, les royalistes et les républicains, il a consulté leurs intérêts, pesé leurs raisons, et exaucé leurs vœux réciproques autant que le voulaient, et de la seule manière dont le permettaient, la gloire, le bonheur et la situation de l'État. Ce monarque a fermé le livre des proscriptions comme il a fermé le temple de Janus ; véritable père de ses sujets, il n'a voulu voir que des frères dans tous les Français, et les Français sont tous devenus ses enfants.

Ainsi, Louis XVIII a accompli l'œuvre de la justice, de la sagesse, de la raison d'Etat ; il a assuré à tous les citoyens une patrie, et il a rattaché au trône la nation toute entière. Sous le funeste étranger qui avait dérobé le sceptre des Bourbons, le trône n'avait pas de nation, il était seul ; sous le monarque né du sang d'Henri IV, la nation et le trône ne sont plus qu'une même chose. Dès le moment de la restauration, tout a été voulu, réglé dans un ordre fixe, généreux, immuable; le respect et l'amour des peuples ont été au devant de l'autorité royale, et il n'est resté aucune ressource aux discordes civiles, aucun prétexte aux réactions politiques, à ces réactions qui avaient mis la France à deux doigts de sa perte.

Grâce aux Bourbons, nous ne sommes plus, et nous ne reviendrons jamais aux temps où les gouvernements réactionnaires, c'est-à-dire, ceux qui ont existé depuis 1795 jusques en 1814, empoisonnaient l'opinion publique de cette pensée, *que les Républicains et les Royalistes étaient coalisés contre le gouvernement ;* pensée essentiellement tyrannique, d'où était né cet horrible régime appelé *Basculaire*, qui consistait à faire figurer, aujourd'hui les royalistes dans une conspiration, demain les républicains dans une autre, et quelquefois tous les deux dans la même.

On a vu sous le Directoire, la conspiration de *Grenelle* ou républicaine, suivie peu de temps après d'une conspiration royaliste; et l'on a vu sous le Consulat une conspiration royaliste dans laquelle le gouvernement impliqua un grand nombre de royalistes, et cent quatre-vingt républicains qu'il fit déporter pour le même fait, ou pour les mêmes suppositions.

Loin de nous un machiavélisme atroce, un systême de réactions à doubles faces qui menaçaient tour-à-tour, et presque à la fois, toutes les classes de Français comme tous les genres d'opinions : un pareil systême né saurait être que eelui de l'usurpation, toujours lâche parce qu'elle est soupçonneuse et tyrannique. N'a-t-on pas vu , en effet, le dernier gouvernement commander une brochure qu'on a fait circuler scandaleusement dans toute la France? Ce libelle officiel, cette diatribe intitulée *de l'Alliance des jacobins et des royalistes contre le gouvernement consulaire,* aurait été le comble de l'impudence, si elle n'eût pas été celui de l'absurdité. Le systême de l'alliance des républicains et des royalistes, n'était réellement, sous l'ancienne tyrannie , qu'une calomnie politique et une accusation funeste; une alliance semblable devient, sous le gouvernement actuel, un acte noble, nécessaire, patriotique : car, la France ne reprendra son assiette naturelle, elle ne se ressaisira de sa. véritable puissance et de l'influence politique qui lui appartient, que lorsque toutes les opinions seront fondues dans une seule masse : « En pareilles pièces, la

» couture ne suffit pas, il leur faut la sou-
» dure, a dit Montaigne »; or, cette fusion ne pouvait être opérée que par un
monarque légitime, comme elle ne peut
exister que dans la monarchie limitée,
c'est-à-dire dans le roi et la charte constitutionnelle.

L'époque déplorable où l'on pouvait
faire croire à ces grossiers mensonges, à
ces délations de fausse police, à ces intri-
gues ministérielles que je viens de signaler,
cette époque de tyrannie est passée sans
retour; les yeux des Français sont ouverts
à la lumière monarchique; ils sont des-
sillés sur ces jongleries politiques, sur ce
charlatanisme du *pouvoir impérial* qui
voulait se rendre intéressant en se disant
attaqué; qui se supposait toujours exposé
à de grands dangers pour enchaîner plus
facilement la nation; qui se faisait me-
nacer lui-même pour détruire toute es-

pèce de liberté dans l'État, et qui, à l'ombre de ces conspirations systématiques, qu'il organisait et exagérait à volonté, ne cherchait qu'à s'emparer d'une autorité arbitraire et *légalement tyrannique :* le gouvernement impérial est le premier exemple d'un tel genre de machiavélisme et de dérision politique.

Les royalistes et les républicains ont également jugé les divers gouvernements sous lesquels la France a gémi. Nous avons vu le système olygarchique du directoire, ce bâtard de la démocratie et du royalisme, dont le visage était républicain et le reste du corps royaliste ; nous avons vu les piéges que l'ambition avait cachés sous le régime consulaire, et la vaste oppression renfermée sous le manteau impérial : tous les Français ont vu leurs droits politiques et civils, successivement envahis par le pouvoir établi pour

les garantir ; les juges corrompus à force-
ouverte ou par la peur d'être *éliminés ;*
les magistrats et les administrateurs de
toutes les classes avilis par de prétendues
épurations ; les autorités constituées fou-
lées aux pieds par les gardes prétoriennes ;
les conseils de l'État et de la nation créés,
détruits, augmentés, *ou chassés au
pas de charge*, selon les fantaisies d'un
homme ; les pouvoirs législatifs abrogés
ou dissous par les caprices d'un soldat,
et le sanctuaire des lois violé par l'ambition d'un général. Républicains et royalistes, tous ont déploré ces inouies vio-
lations des droits nationaux ; tous ont
également vu un seul homme, un étranger hypocrite, concevoir et exécuter, sous
le nom respectable de la liberté, le projet
de la tyrannie la plus forte et la plus
universelle qui ait jamais été imposée à
aucun peuple : il voulait enchaîner à-la-

fois la parole, la pensée et les consciences.

Tels furent les attentats de cet étranger contre les libertés de la nation qui l'avait toléré pour son magistrat suprême, pour son souverain, qu'il parvint à rendre également odieuses et funestes la république et la monarchie; l'une et l'autre n'étaient plus, sous son nom, que la tyrannie militaire, c'est-à-dire la plus monstrueuse des tyrannies; il eût fait haïr jusqu'au nom même de la liberté, si la liberté n'était pas le premier bien, le premier droit, le premier désir de l'homme!.... Son gouvernement a désabusé tous les républicains sincères des illusions que leur inexpérience et leur amour pour la patrie avaient fait naître dans les âmes, et il a affermi les royalistes dans le dévoûment dont ils étaient animés pour la monarchie héréditaire; et tant de malheurs, tant de calamités réunies, ont eu du moins cet utile résultat, que les bons esprits ont reconnu l'impossibilité de donner à la France des formes républicaines; que les esprits sages ont mieux apprécié, ont senti plus vivement, les bienfaits d'une monarchie tempérée par des lois équitables et fixes. Ainsi, personne en France ne veut plus de la démocratie ni du despotisme, et tout le monde aime la royauté constitutionnelle et prête du fond de son cœur, serment de fidélité aux Bourbons! La nation a repris le sens droit, l'instinct politique, qui la caractérisent; elle a retrouvé son âme et sa vie, si l'on peut parler de la sorte : et aux yeux des républicains, comme aux yeux des royalistes, les libertés de la nation ne peuvent être solidement appuyées que sur les droits du trône; et la maison qui a régné pendant huit siècles sur la France, peut seule assurer désormais ces libertés et ces droits.

La force des événements, la nature même des choses, tendent donc à opérer le rapprochement des royalistes et des républicains; mais il faut une grande, une évidente sincérité dans leur réunion, pour qu'elle soit durable, avantageuse aux uns et aux autres, à la monarchie et à la liberté, au trône et à la nation.

Il ne faut plus *regarder en arrière*, nous venons tous d'échapper au même naufrage ; il faut oublier ce que l'on fut pendant la tempête, il faut oublier ce que l'on pouvait être, pour ne songer qu'à ce que l'on est : les regrets seraient inutiles, les récriminations dangereuses , et les prétentions injustes ou exclusives seraient encore plus funestes que les récriminations et les regrets. Effaçons de nos discours, et même de notre souvenir, les pertes, les désastres, les fautes, tous les malheurs, de quelque nature qu'ils ayent pu être ; mais effaçons-les de part et d'autre dans tous les rapports de l'ordre civil et social, ainsi que la charte les a effacés dans tous les rapports de l'ordre politique et judiciaire ; soyons aussi royalistes que le roi, que la charte, mais n'ayons pas la folle témérité de croire qu'on puisse l'être davantage : et lorsque des mœurs nouvelles ont exigé de nouvelles lois, lorsque les institutions ont changé avec les temps, et surtout avec les esprits, suivons franchement la route qui nous est tracée par cette charte tutélaire ; elle a parlé pour tous les partis, elle a stipulé pour tous les intérêts, elle a donc concilié tous les droits ; il ne s'agit plus que de les assurer, par l'exécution des lois sous lesquelles nous avons maintenant le bonheur de vivre.

Mais, comme l'intérêt est la mesure éternelle de toutes les actions des hommes, il convient d'examiner la réunion, dont je parle, que le salut et la prospérité de la patrie sollicitent impérieusement ; il convient d'envisager un semblable rapprochement sous le rapport de cet intérêt ; nous en considérerons ensuite les moyens, le but et les résultats.

Les hommes se rapprochent, soit par un intérêt commun, soit par un intérêt particulier, et quelquefois pour tous les deux.

L'intérêt commun parle assez haut dans les cœurs français ; c'est l'honneur national, la puissance politique, la grandeur et la dignité de la patrie : les Français ont tous la même patrie, tous ont par conséquent le même intérêt politique. Leurs vœux doivent être unanimes, comme leurs volontés ; car, tous les citoyens sentent que de leur union seule peut naître le rétablissement de la France dans la place honorable et élevée que cette monarchie doit

occuper en Europe ; il n'y a plus diver-
gence d'opinions à cet égard ; le drapeau
blanc est tout-à-la-fois la bannière de l'honneur et du patriotisme ; la gloire militaire
de nos vingt dernières années est devenue
une propriété commune et chère à tous
les Français, quels qu'ayent été les théâ-
tres de cette gloire.

Il y a un grand livre ouvert chez toutes
les nations, dans lequel tous les hommes,
de quelque condition et de quelque opinion
qu'ils soient, doivent lire ou apprendre à
lire ; c'est *le livre de la nécessité.*

N'est-il pas incontestable que les royalistes et les républicains ont un intérêt
égal, ainsi qu'une volonté forte, d'étouf-
fer dans leur germe toute espèce de dissensions civiles, de ne plus souffrir d'invasions, ni du Nord, ni de l'Occident, ni
du Midi ? Tous n'ont-ils pas une invincible
répugnance pour les agitations et les mal-

heurs d'une fausse liberté? tous n'ont-ils pas en horreur les scandales et les excès de la licence populaire? Mais, ce que tous les partis n'ont cessé de vouloir, c'est l'indépendance de la patrie, l'intégrité du territoire, l'influence politique de l'Etat, une liberté sage, et des lois également protectrices des *personnes* et des *propriétés* ? Le gouvernement impérial ne demandait que de brillants *esclaves*, les Bourbons ne veulent que des *citoyens* fidèles; les citoyens doivent reparaître avec la monarchie, et il ne doit plus rester aux Français d'autre souvenir que le regret des maux qu'ils se sont faits les uns aux autres.

Tout le monde veut la gloire et la prospérité du royaume. La France est une puissance centrale, populeuse, éminemment agricole, industrieuse et militaire; sa consistance politique doit être invariable. Parvenue à l'état d'agrandissement que la nature et le principe de son gouvernement lui avaient marqué, elle est forcée de rester dans les limites naturelles et politiques qui sont devenues nécessaires à sa conservation : sa riche agriculture, son immense population augmentée par le commerce et la paix, son activité naturelle et son génie militaire dont elle a donné pendant vingt-cinq ans des preuves irrécusables, ont démontré à l'Europe quelles sont ses forces, et ces forces ne sont ni éventuelles, ni factices. La France partage le milieu de l'Europe de l'occident à l'orient, et établit une barrière d'airain entre le Nord et le Midi ; ainsi, l'Europe n'a point à redouter son influence, et doit tout attendre au contraire de sa protection et de son heureuse prépondérance dans le système politique. Pour l'intérêt même de l'Europe, la France doit être grande, forte et puissante, comme étaient forcés d'en convenir les souverains alliés, lorsqu'ils n'étaient encore qu'au-delà du Rhin : mais, ce ne sont pas les trois lignes de forteresses élevées par le génie de Vauban, ce ne sont pas les inscriptions semblables à celles de Landau, *clausa Germanis Gallia*, qui sauvent les États, qui les défendent contre les *invasions* et les *partages*. Leur véritable défense est dans l'union des citoyens, et cette union n'est vraie que lorsque les intérêts et les opinions sont les mêmes et tendent au même but.

Les citadelles capitulent tôt ou tard ; une nation, unie de vœux et d'intérêts avec son gouvernement, ne se rend jamais, elle n'est jamais vaincue. Les événements militaires qui ont eu lieu à diverses époques de notre monarchie ; les événements presque miraculeux qui vièrent de rendre la liberté à l'Europe et à la France, ont achevé de mettre ces vérités dans tout leur jour. Est-ce la force en effet qui a manqué aux Français pour repousser, pour détruire les armées de l'Europe rassemblées sur le Rhin ? Est-ce la faiblesse de la nation qui a laissé ce fleuve ouvert à ces armées ? Non ; c'est la volonté nationale. L'opinion publique s'était retirée des frontières, long-temps avant que les puissances alliées s'y fussent présentées ; elle a laissé les frontières sans défense, parce qu'il n'y avait, entre le gouvernement et les sujets, d'autre union que celle qui existe entre la tyrannie et la servitude ; les armées alliées sont arrivées, quoiqu'en tremblant, sous les murs de Paris, parce que l'immense majorité des Français désirait qu'elles y arrivassent. Le panache blanc d'Henri IV pouvait seul ouvrir les barrières de Paris aux empereurs et aux rois alliés ; ils ont vu ce panache diriger et embellir leur marche le long de ces boulevarts, désigner à leurs bataillons les rues de cette capitale, où une innombrable population frappait les airs du cri français, *vive le roi!* Les empereurs et les rois sont arrivés au Louvre sous la bannière des Bourbons.

Ce n'était pas une victoire que remportaient les généraux ennemis : c'était la délivrance des Français que les souverains proclamaient à la tête de leurs armées. Aussi l'opinion nationale s'est séparée du Gouvernement ; l'obéissance a abandonné la force ; le Gouvernement est tombé de son propre poids, et sa chute expiatoire n'a étonné que lui en France.

Certes, il n'en fut pas ainsi sous Philippe-Auguste, sous François Ier, sous Henri IV, sous Louis XIV, lorsque les armées ennemies arrivèrent aux portes de la capitale ! Le roi et la nation étaient unis par un intérêt commun ; le monarque

possédait cette puissance et cet amour, si
nécessaires à la sûreté du trône et au bonheur du peuple; la France, quoiqu'ouverte de toutes parts, fut partout invincible. Il en serait de même aujourd'hui;
les Français sont devenus encore plus invincibles depuis qu'ils ont retrouvé leur
roi, une patrie, et tous les droits chers
au cœur de l'homme. Aujourd'hui les
Français ont tous le même intérêt à défendre leur roi, parce que, monarque
légitime, Louis XVIII les a tous ressaisis
de la liberté civile dont *l'étranger* les
avait dépouillés, à ces époques où tout
était champ de bataille, en se mettant,
par la force des armes, à la tête du corps
politique, et en abusant de la liberté pour
établir la tyrannie.

L'étranger se flatterait-il encore qu'il
peut exister parmi nous quelque division
d'intérêts et de vœux? Qu'il se désabuse

d'une semblable illusion ! Pour leur propre sûreté comme pour leur gloire, que les ennemis de la France renoncent désormais à de si folles espérances ! En vain la flatterie rappèlerait aux souverains étrangers l'issue de ces événements militaires qui vièrent de changer la face de l'Europe ; en vain l'ambition, empruntant le langage de la politique, voudrait-elle affaiblir la France ou tenir cette puissance dans une sorte d'abaissement ; en vain la politique et l'ambition espéreraient voir les discordes civiles se renouveler parmi nous....; les ennemis de la France verraient tous les Français se presser autour du trône des Bourbons, et le royaume se hérisser de fer et de bataillons.

Car Louis XVIII a détruit la tyrannie; il a fondé la liberté monarchique en promulguant la charte constitutionnelle ; l'amour des Français pour le monarque sera sans bornes, parce que sa bonté, sa justice, sa parole, seront inviolables. L'autorité royale est donc devenue le *palladium* de la tranquillité et de la prospérité publiques ; la charte consacre cette autorité protectrice de nos droits : l'intérêt commun est donc dans l'observation de cette charte.

Quant aux intérêts particuliers, le grand art des gouvernements est de les lier à l'intérêt public; et c'est ce qui défend, maintient et fait prospérer le gouvernement de l'Angleterre. Dans un Etat bien constitué, il ne doit pas y avoir des classes exhérédées et des classes privilégiées; il faut, au contraire, que les charges et les avantages de l'administration publique soient aussi également distribués que peuvent le comporter la situation et les principes du corps politique : il ne faut pas, que d'un côté l'on voye des hommes exclusivement portés à toutes les fonctions, et de l'autre des hommes éloignés de toutes les places. Lorsqu'on veut réunir tous les intérêts particuliers, lorsqu'on désire les *attacher* à l'intérêt de l'État, on ne doit pas créer des *maîtres* et des *esclaves*; car, une société politique ne peut être composée de citoyens et d'ilotes, ou s'il en est ainsi, cette société est constituée à faux; tous ses éléments doivent être homogènes, sans quoi il n'existe plus d'harmonie, c'est-à-dire d'union ou de force. Tous les citoyens d'un État sont tenus à la même obéissance à la loi et au monarque, supportent les mêmes charges, payent les mêmes impôts, sont également les défenseurs de la patrie, et doivent, par conséquent, être appelés à partager les charges et les honneurs de l'État.

Si, en réalisant le rapprochement des républicains et des royalistes, les premiers voulaient occuper la plus grande partie des emplois, dominer encore l'opinion, se prévaloir d'une ancienne influence et afficher des prétentions exclusives, certes, les seconds feraient sagement de ne pas souscrire à de semblables prétentions : et de même si ceux-ci voulaient maîtriser, ou égarer l'esprit public, s'ils cherchaient à établir les exclusions ou les préférences à leur gré et à leur seul profit, ceux-là auraient aussi quelques droits de redouter une semblable réunion.

En politique, pas plus qu'en jurisprudence, on ne peut admettre les sociétés *léonines;* en politique, comme en législation, la morale publique repousse les associations qui ne sont point fondées sur l'égalité des pertes et des profits, qui ne reposent pas sur la réciprocité des avantages et des inconvénients.

Il est généralement reconnu qu'une des causes principales de la révolution française, fut le système exclusif prononcé et suivi contre les classes inférieures de la société, qui se trouvaient éloignées d'une grande partie des fonctions et emplois publics. L'on convient aussi unanimement, qu'un des moyens qui a puissamment favorisé dans l'intérieur de l'Etat, la restauration de la monarchie légitime, a été le système exclusif adopté par le dernier gouvernement, *par les hommes même de la révolution*, contre les classes supérieures de la société, système constamment mis en pratique, malgré la cessation apparente de la proscription lancée contre ces classes dans les temps les plus déplorables. Un gouvernement sage appèle les citoyens de tous les rangs, les hommes de toutes les époques, suivant leurs talents, leurs lumières et leur dévouement au bien de l'État; cette marche est franche, juste, salutaire; elle obtient un assentiment public; c'est la seule avec laquelle on puisse parvenir à atteler au char de la monarchie constitutionnelle toutes les opinions et tous les intérêts, toutes les ambitions et tous les partis.

Rien ne résiste dans le monde à la bonté, à la justice, à la grandeur d'âme, et à la générosité de sentiments.

L'antiquité nous offre un grand et bel exemple de magnanimité royale. Le jour où Adrien est salué empereur, il aperçoit dans le *forum* un homme qui avait été son plus implacable ennemi. *Tu es sauvé,* lui dit le demi-dieu, en lui tendant la main, *Adrien est empereur.*

Mais avons-nous besoin de fouiller l'antiquité? Nos annales sont plus riches qu'elle.

Qui a rendu la mémoire de Louis XII recommandable et chère aux Français? Le sentiment sublime qui dictait ce mot royal, *ce n'est pas au roi de France à venger les injures du duc d'Orléans.*

Qui a *consacré* le nom d'Henri IV? Ce ne sont pas seulement ses exploits; c'est sa loyauté et sa bonté inépuisable qui lui ont élevé un temple dans chaque famille et dans chaque cœur. Cet excellent prince ignorait que le mot de vengeance existât : et qui eût osé le lui apprendre !

Henri IV, entrant au Louvre, aperçoit un groupe de ligueurs; il leur distribue tout l'argent qu'il portait, en leur disant : *Le Béarnais est pauvre, mais il vous donne tout ce qu'il a.*

Quelle est aussi la statue de nos rois que nous avons vue se relever d'elle-même, et s'animer en quelque sorte aux regards de Louis XVIII, à sa rentrée dans la capitale?.... *la statue d'Henri IV.....*

Le meilleur roi qu'ait eu la France, le plus beau modèle d'un grand prince qu'ayent offert les temps modernes, nous a indiqué les moyens de parvenir à cette utile et généreuse réunion des partis. Nous ne saurions trop bénir la mémoire d'un roi qui règne dans toutes les chaumières, dans lequel chaque Français voit un père depuis deux cents ans. Nous ne saurions trop revenir à la sage politique d'Henri IV et de Sully. Après avoir pris les rênes du gouvernement, leur premier soin fut d'éteindre toute espèce de partis, de mettre un terme aux récriminations, d'effacer jusqu'aux dénominations qui avaient signalé les partis du duc de Mayenne et du roi de Navarre. Il y eut *paix* et *oubli,* et ce ne furent point là de vaines paroles !.... Dès-lors on ne prononça plus sous les lambris dorés du Louvre ni les noms de *Ligueur,* ni les noms de *Calviniste;* la réconciliation publique fut scellée par l'oubli réel de toutes les fautes et de toutes les

divisions; elle fut ratifiée par l'union sincère de toutes les classes : le royaume res-
suscita.

Imitons ce noble exemple; soyons tous
les dignes enfants d'Henri IV !....

Ce sera un moyen efficace de réunion
et d'amour entre les Français de toutes
les opinions, que d'abjurer à jamais ces
dénominations de républicains et de royalistes que je rappèle ici, comme on rappèle
les anciennes limites qu'on va effacer dans
un traité, mais dont je ne me sers dans cet
écrit que pour désigner les partis et les
opinions que je cherche à réunir, à fondre
dans un seul parti et dans une seule opinion, celle de la monarchie des Bourbons;
ainsi le veulent l'intérêt du roi, l'intérêt
de la nation et tous les intérêts particuliers.

Pendant les vingt-cinq années de notre
révolution, comme à l'époque des révo-

lutions de la *Fronde*, de la *Ligue*, des *Bourguignons* et des *Armagnacs*, ces dénominations furent souvent cause, toujours prétexte des plus grands malheurs, des plus horribles attentats ; ces signes de ralliement, de proscription, de rapines qu'embrassait chaque parti, ces signes allumèrent violemment les discordes civiles et alimentèrent l'esprit dévorant de faction, parce qu'ils classaient au gré des passions les citoyens en amis ou ennemis, en fidèles ou rébelles sujets, en oppresseurs ou victimes ; et c'est dans ces tristes époques de notre histoire, que *le parti de l'étranger* a toujours opprimé la France ! Mais lorsqu'il n'y a plus, lorsqu'il ne peut plus y avoir qu'une même classe de Français, ce n'est qu'en appelant aux fonctions publiques les hommes capables et intègres, quelque nom qu'ils ayent porté pendant nos troubles, soit au dehors, soit au dedans de la France, qu'un gouvernement paternel parviendra à effacer tous les partis, à rapprocher les opinions, et à produire enfin cette fusion des esprits et des cœurs d'où naissent la confiance et la sûreté publiques.

Il n'était pas au pouvoir du gouvernement impérial d'obtenir cette fusion; il ne la désirait qu'en paroles, avec hypocrisie, dans la seule vue d'opprimer également tous les partis; il ne voulait que la *réunion* des vices et des passions favorables à la tyrannie, comme il ne laissait d'autre repos que celui de la servitude. Un étranger n'est jamais citoyen dans l'État, même lorsqu'il le gouverne avec sagesse. Qu'est-ce donc quand il l'opprime? Il n'en est pas de même du monarque légitime et héréditaire; la nation est sa famille, parce que le trône est sa patrie; son cœur est à l'État. C'est donc à Louis XVIII qu'il appartient de vouloir, d'opérer, d'obtenir la réunion de tous les esprits; un gouvernement déjà éprouvé, cher, nécessaire à tous les partis, est le maître de réaliser cette grande réunion, lorsqu'il le désirera.

Ces divers intérêts publics et particuliers dont nous venons de parler, les moyens politiques que nous avons indiqués, conduisent infailliblement à un grand but; ce but est le respect pour la monarchie héréditaire, pour la charte constitutionnelle qui l'établit, pour les autorités constituées qui sont chargées avec le roi de veiller au maintien des institutions publiques et des droits nationaux, ainsi qu'à la sûreté des personnes et des propriétés.

Sachons enfin mettre à profit nos erreurs et nos calamités. Ce qui a manqué à tous les gouvernements qui se sont succédé dans le cours de la révolution, c'est le respect pour l'autorité et pour les institutions

publiques. On obéissait, mais on n'esti-
mait pas ; le gouvernement n'avait pas
même obtenu cette considération que les
peuples accordent presque toujours à l'éclat
et à la pompe de la puissance. Nulle confiance, nul amour, point de stabilité dans
les choses, dans les hommes, et par conséquent point de respect. La force militaire
était tout, le consentement des citoyens
était compté pour rien, il était dédaigné,
*la botte de Charles XII, ou le chapeau
de Gesler, gouvernait tour-à-tour.....*
Aussi, dans ce période de vingt-cin qan-
nées, les gouvernements étaient à peine
essayés qu'ils tombaient; ils se succédaient
avec la rapidité de l'éclair, ou plutôt, semblables à ces décorations de théâtre, les
sifflets du public les faisaient changer à
volonté. Le gouvernement impérial lui-
même a changé de cette manière; il a pris
toutes les attitudes, sans pouvoir trouver

une assiette fixe; il a fait et il a défait ses propres constitutions : les peuples n'y prenaient aucun intérêt. Formidable à toute l'Europe, brisant les trônes, et foulant les rois à ses pieds, ce colosse tremblait en France; un souffle de l'opinion publique pouvait l'y renverser, et elle l'a renversé, car l'opinion est la reine du monde; elle juge les rois et les peuples. On a vu un simple prisonnier, saus nul secours, et presque sans projet, un proscrit secondé de sa seule témérité donner à l'empire le spectacle d'un interrègne. Il n'y eut plus ni ministres, ni gouvernement; le trône vaqua; il ne manqua au conjurateur qu'une IMPRIMERIE; elle lui eût donné les millions de bras de l'opinion publique. Cet interrègne ne fut que de quelques heures; il suffit pour dévoiler toute la faiblesse de la force tyrannique. Dès ce moment, il n'y eut plus d'*empereur,* plus de *titre* impérial aux yeux des Français; il ne resta plus qu'un soldat qui jouait sa couronne et la France à deux dés; mais la force de ce soldat n'était pas soutenue par l'opinion nationale, protégée par le respect public; il déserta le trône.

Une maxime des anciens semble avoir établi cette nécessité du respect des peuples, mais elle l'a fondé sur la base de l'ancienneté; *è longinquo reverentia*. Les gouvernements nouveaux, quelques formes qu'ils puissent adopter, de quelque vigueur qu'ils soient doués, ne sauraient jamais se donner l'opinion qui vient de l'ancienneté, et le respect qui vient de l'éloignement; les nations, les rois, les grands hommes, les nobles, les bourgeois, tous ont également leur mythologie et leur histoire; c'est la loi éternelle de l'amour-propre, d'où sont nés l'honneur et l'amour de la patrie; chaque chose a, ou veut avoir ses temps héroïques; voilà pourquoi on

dira éternellement un gouvernement nouveau, comme l'on dit un homme nouveau, de même qu'une médaille sera toujours plus précieuse à mesure qu'elle sera
plus antique. La monarchie française est la
plus ancienne des monarchies qui se for-
mèrent des débris de l'empire romain, et
la race de ses monarques est la plus antique des races régnantes ; legouvernement
héréditaire des Bourbons offre donc, sous
le rapport de la splendeur antique, des
avantages incontestables ; huit siècles de
grandes actions, plusieurs règnes brillants
et heureux, le plus beau règne des temps
modernes, de grands monuments, des
institutions utiles, de nobles fondations
l'ont consacré ; il a tout le lustre de l'ancienneté, il est environné de ce réflet ma-
gique que donne une perspective lointaine;
l'autorité royale y a reçu du temps une
sorte de consécration religieuse, le temps

l'a couverte du prestige des siècles, et les
siècles ont entouré ce trône d'une splendeur et d'une force nouvelle, en lui por-
tant le tribut des lumières et le perfection-
nement de la civilisation : les siècles ont
gravé dans les âmes, en caractères ineffa-
çables, le respect, ou plutôt cette religion
de la monarchie et des lois, sans laquelle il
n'y a point d'amour et d'obéissance, c'est-
à-dire de gouvernement et de stabilité.

Mais ces premiers, ces principaux éléments du respect des peuples, ne sont
pas les seuls propres à affermir les trônes
et les gouvernements, à rassurer les citoyens et les peuples. Pour obtenir ce
respect dans son indépendance, dans sa
sincérité, dans toute sa plénitude, il faut
que le monarque, par ses ordonnances,
ses établissements et ses promotions,
par ses choix et ses bienfaits, par ses
ministres, par tous les actes enfin de

l'administration publique, anime les classes diverses de citoyens, et les excite de plus fort à ce respect public, à ce respect civil, qui lient réciproquement le monarque et les sujets. C'est là, en quelque manière, *le feu sacré* du corps social qu'il faut entretenir sans cesse.

Les monarques ont tant de moyens pour y réussir ! Ils ont un moyen infaillible de rapprocher les citoyens et de créer l'esprit public, dans la bienfaisance qu'ils peuvent exercer, et les rigueurs qu'ils peuvent adoucir ; dans les distinctions qu'ils accordent et les grâces qu'ils dispensent ; que leur distribution faite avec sagesse, avec modération, avec impartialité, amène nécessairement les citoyens à ce respect public qui se change toujours chez les Français en amour pour les souverains.

L'estime, la considération, cette pudeur de probité et de morale publiques, ou ces égards auxquels les citoyens sont tenus dans tous les rapports sociaux, ont été méconnus ou violés jusqu'à ce jour ; ils doivent enfin triompher de la haine des partis, des fautes de la révolution, des préjugés ou des motifs personnels. Sachons nous estimer nous-mêmes; sachons être Français, et n'être plus que Français. C'est un si bel apanage pour une nation, pour tout homme libéral ! Aimons-nous enfin, reprenons notre ancien caractère, et que le respect civil, d'où découle la source de la prospérité nationale, surnage sur cette mer qui fut couverte de tant de débris.

Je me fais peut-être illusion, diront quelques esprits critiques ou toujours mécontents; mais c'est du moins l'illusion d'un cœur droit qui aime sa patrie, et d'un Français qui aime son roi. Cette douce illusion me fait entrevoir les plus heureux résultats dans la réunion aussi noble que nécessaire des royalistes et des républicains.

Elle doit produire évidemment, elle produira pour notre bonheur commun, l'immutabilité du gouvernement monarchique et héréditaire des Bourbons, le respect religieux dû au trône, la consécration des droits nationaux, l'établissement d'une constitution invariable, la fixité des principes et la sagesse de lois conformes à la charte constitutionnelle, la cessation de ces calomnies politiques qui ont aigri et si long-temps divisé les meilleurs. citoyens, la création d'un esprit public, et enfin le rétablissement du caractère et de l'honneur français dans toute leur pureté, dans tout leur lustre. De ces avantages inestimables, et qui nous sont assurés, si nous les voulons sincèrement, dérivent pour ainsi dire d'elles-mêmes, la sûreté de

l'État au-dehors, et sa tranquillité au-dedans.
Toutes les parties de l'État se joignent, se
cimentent et se prêtent une nouvelle force ;
les intérêts, les esprits, les cœurs, tout est
confondu dans un même amour : c'est
alors que l'on verra tous les Français, sans
distinction, abjurer les vieilles inimitiés,
abandonner des prérogatives que réprouve
l'intérêt national, et se réunir pour défendre notre indépendance, notre gloire
et nos frontières. Ainsi réunis, nous bra-
verons toutes les ambitions, toutes les
tempêtes, toutes les invasions politiques !
c'est alors qu'on pourra dire que la France
s'appartient à elle-même ; c'est alors qu'elle
ne descendra plus du rang où son agriculture, son industrie et le caractère bel-
liqueux de ses habitants l'ont placée depuis
la fondation de la monarchie.

Qu'ils sont nobles ces noms de Patriote,
de Citoyen, de Français ! Quand il s'agit

de défendre l'État, le roi, la patrie, un véritable Français n'écoute pas ses ressentiments particuliers ; il les sacrifie, sans balancer, au bien de ses concitoyens. C'est se rendre coupable d'un parricide que de trahir leur confiance ; tout, jusques à l'amour-propre, doit se taire quand la patrie l'ordonne ; le seul amour-propre permis est alors celui de la bien servir. Si la patrie fut injuste à l'égard d'un de ses enfants, il reste au *Français* un moyen de se venger; qu'elle lui doive un jour son salut! il est beau, il est grand d'accourir à la tente de *Thémistocle* ou de *Turenne*, de l'aider de ses conseils en se rangeant sous ses ordres, et de disputer avec lui d'amour pour sa patrie, d'amour pour son roi.

Loin de se croire dispensé de servir l'Etat, lorsqu'il en a reçu les récompenses dues à ses travaux, l'officier français trouve dans ces récompenses un nouvel encouragement et de nouveaux motifs pour se consacrer à la chose publique ; c'est un devoir qu'il remplit avec plus de zèle. Le citoyen se doit tout entier à l'Etat, il ne peut jamais être quitte envers sa patrie, envers son roi : c'est au roi à disposer des services des sujets ; ne pas attendre ses ordres, ou les éluder, ce serait trahir à la fois la patrie, le roi et l'honneur.

L'honneur est la devise de la Nation française. Heureuse cette nation, heureux ce prince appelé à régner sur elle ! Admirable instinct des Français, qui aiment leur roi, comme les enfants aiment leur père, qui jouissent des sacrifices qu'ils offrent à leur monarque, aussi vivement que des dons qu'ils en reçoivent, parce que leurs sacrifices vièrent de leur amour ! Nation généreuse, pour laquelle aucun effort n'est impossible, parce qu'elle ne remplit pas un devoir qui ne soît pour elle un sentiment !

Il la connaissait bien ce bon Henri, ce prince qui, en montant sur le trône après le siége de Paris, crut qu'il était *souverainement* politique d'effacer les démarcations de partis et de factions, et jusqu'aux dénominations qui avaient signalé ces partis ! En abjurant le calvinisme, et en se faisant catholique, il épousait les opinions religieuses des ligueurs pour sauver les opinions politiques des protestants, et réunir ainsi tous les Français sous la même bannière, pour la défense du trône *que l'étranger menaçait toujours*. De même aujourd'hui, en promulguant la charte constitutionnelle émanée de sa sagesse et de ses lumières, Louis XVIII a embrassé les principes libéraux créés par les progrès de l'esprit humain ; en sorte que les principes nationaux et les droits anciens se trouvent naturellement coalisés en faveur du trône et du peuple. Ainsi, la charte confirme, elle rend à jamais inviolables et sacrés les formes et l'hérédité monarchiques; et cet acte fondamental de nos droits proclame aussi de nouveau les principes politiques qui sont le résultat de vingt-cinq ans d'expérience.

Les Français ont obtenu le prix de leurs sacrifices, le dédommagement de leurs maux; ils possèdent le bien qu'ils ont cherché, désiré, demandé constamment; ils ont toujours voulu la monarchie, jamais la démocratie; les cahiers des députés aux États-généraux furent unanimes à cet égard. L'esprit monarchique avait jeté en France de trop profondes racines; elles pénétraient la substance même de cet empire. La monarchie pouvait être suspendue, mais il était impossible de la détruire. On dirait qu'elle ne nous fut si long-temps dérobée que pour nous faire mieux sentir ses bienfaits : elle a reparu, riche et pleine de toutes les améliorations que sollicitaient les peuples; sa vénérable antiquité a pris une physionomie nouvelle, resplendissante de majesté et de force; et la majesté et la force ont contracté une alliance qui est désormais indissoluble. Tous les Français sont persuadés, ils sentent, qu'ils viènent de rentrer enfin dans la véritable voie de la prospérité publique, sans sortir de la carrière de la véritable liberté.

« L'excellente et meilleure police à cha-
» cune nation, est celle sous laquelle elle
» s'est maintenue longuement; la forme
» et la commodité dépendent de l'usage.
» Nous nous déplaisons volontiers de la
» condition présente; mais je tiens pour-
» tant que d'aller désirant le commande-
» ment du petit nombre en un État popu-
» laire, ou dans la monarchie un autre

» gouvernement, c'est vice ou folie. Quand
» quelque pièce se dérange, on peut l'é-
» tayer et s'opposer à ce que l'altération
» et corruption naturelle à toutes choses
» ne nous éloigne trop de nos commence-
» ments ; mais d'entreprendre à refondre
» une si grande masse, et à changer les
» fondements d'un si grand bâtiment, c'est
» à faire à ceux qui, pour décrasser, effa-
» cent, et qui veulent émonder les défauts
» particuliers par une destruction uni-
» verselle, et guérir les maladies par la
» mort. »

Dans ce peu de lignes, Montaigne a
écrit la révolution française et la restauration de la monarchie légitime ; il a dit
les moyens qui pouvaient prévenir notre
révolution, et indiqué ceux qui peuvent
la réparer. C'est ainsi que parlent la véritable philosophie, le véritable patriotisme,
c'est-à-dire le génie inspiré par la sagesse.

Ce génie et cette sagesse, nous les re-
trouvons dans les paroles de Louis XVIII;
il connaissait les abus que le temps, les
passions humaines et le cours inévitable
des choses avaient introduits dans le corps
politique de la monarchie; il a corrigé ces
abus, et en même temps il a détruit ceux
que la révolution et le gouvernement impérial, dernière phase de cette révolution, avaient introduits dans les institutions nouvelles. Ce monarque a vu les erreurs et non les fautes; il a jugé les temps
et non les hommes; il a voulu que le
trône des Bourbons brillât d'un nouvel
éclat, appuyé sur la liberté publique; et
il a rassis la France sur sa véritable base,
la monarchie constitutionnelle.

Louis XVIII est un autre Henri IV
appelé, par les destinées et par les événements, à rapprocher les esprits, à récon-
cilier les cœurs, à faire disparaître tous

les vestiges de nos dissensions, à faire oublier les calamités de la guerre civile et de la guerre étrangère, à abolir ces dénominations odieuses, hostiles, impies, qui divisaient les citoyens. Il veut l'observation stricte de la charte qu'il nous a donnée; elle ne connaît ni républicains ni royalistes; elle appèle tous les Français à la défense de la patrie, au soutien du trône, au maintien de la gloire de la nation et de l'influence politique de l'Etat.

Lorsque tous les fléaux de la guerre, lorsque les chances plus terribles encore de la politique, menaçaient notre territoire; dans les temps de l'adversité royale et des orages politiques, Louis XVIII faisait des vœux pour nos drapeaux, son âme était au milieu de nos bataillons; les dangers de l'État faisaient seuls l'infortune du prince; le prince ne respirait que pour le bonheur du peuple; il ne voyait que la grandeur de la France, la dignité du nom français!

Le plus grand homme du siècle dernier, Frédéric II, a dit: *Le plus beau rêve que puisse faire un roi, c'est de rêver qu'il est roi de France* : Louis XVIII l'était.

Plein de la dignité et de la gloire nationale, ce monarque avait *l'esprit* des grands siècles de Philippe-Auguste et de Louis XIV ; et quelle histoire est plus noble , plus remplie de patriotisme et d'honneur que le sont les siècles français ! Ah! ne corrompons plus notre histoire; qu'une fausse liberté ou un hypocrite despotisme ne calomnient plus nos annales: temps héroïques, temps vrais , dont les prodiges se renouvèleront toujours , en France, à la volonté du monarque! Qu'elle était admirable cette Noblesse de *Bouvines*, de *Denain* ! Noblesse , qui n'était ni fanatique, ni rebelle , mais toute royale et nationale ; Noblesse qui portait sur son écu, *amour pour son roi, défense de la patrie !* voilà la véritable chevalerie, voilà les Français et la France ; pépinière de grands capitaines , nation de héros, lorsqu'on sonne la charge pour l'honneur et la défense de la patrie, sujets dévoués à leur prince, citoyens invincibles lorsqu'ils combattent pour leur pays et pour leur roi.

Ils se tromperaient donc étrangement, les hommes qui pourraient croire qu'il existe parmi nous des germes de division et de troubles, qui écouteraient les perfides insinuations de l'ennemi de la France ; qui espéreraient encore tromper le peuple français par de séduisantes et fausses promesses ! Si un général , un fonctionnaire public, un citoyen quelconque , étaient assez malheureux, s'ils pouvaient s'abuser au point de trahir la cause de la patrie et du roi, les soldats et les officiers abandon-

neraient bientôt ce général , ils se sépare-
raient de l'homme qui violerait les devoirs
les plus sacrés : le soldat français meurt.
fidéle à son serment, parce qu'il est esclave
de l'honneur.

Mais, que dis-je? les Français n'ont plus
aùjourd'hui qu'un seul et même intérêt ;
le soutien du trône, la gloire de la patrie.

Français , soyez donc toujours unis, si
vous voulez être forts, puissants et toujours respectés ; l'union vous tiendra lieu
de toutes les alliances, et vous n'avez pas
besoin de conquêtes : seuls, en Europe,
vous pouvez vous suffire à vous mêmes!
Tant que vous serez unis, l'Europe militaire regardera vos frontières comme sa-
crées, et l'Europe politique vous placera
constamment au premier rang des puissances : tant que vous serez unis de sentiments et d'opinions, autour du roi et de
la charte constitutionnelle , vous verrez

s'augmenter sans cesse vos richesses, votre industrie, votre gloire, et la tranquillité des cités, et le bonheur des campagnes, et la prospérité de l'État ! Le faisceau (*) de

---

(*) Cet ouvrage était livré à l'impression, lorsqu'on a lu dans les feuilles du premier janvier, la réponse de Sa Majesté aux Membres de la chambre des Députés des départements. Nous ne nous serions pas permis d'emprunter l'image du faisceau pour peindre la force des Français réunis ; mais nous regardons comme un honneur pour nous d'avoir exprimé cette idée. L'auteur a puisé dans la même source la même image ; il croit ne pouvoir mieux faire que de rappeler ici les expressions de Sa Majesté ; elles peignent avec bien plus de noblesse et d'énergie la nécessité de la réunion des Français.

« (Je suis fort satisfait de l'esprit qu'a constamment ma-
» nifesté la Chambre : je voudrais pouvoir le dire à cha-
» cun de vous en particulier. Répandez dans vos Dépar-
» tements l'esprit qui vous anime ; dites à tous les Fran-
» çais que vous avez vu leur père, qu'il s'occupe sans
» cesse de leur bonheur ; rappelez-leur la fable de La
» Fontaine, sur la nécessité de l'union. Je désire que

la fable que rien ne peut rompre, est la
véritable image de la force que donne la
réunion des citoyens d'une même patrie.

» tous les Français forment un faisceau , j'ai voulu que
» la charte constitutionnelle en fût le lien. Il est im-
» possible qu'il n'y ait pas quelquefois des divergences
» d'opinion sur telle ou telle question ; mais les inten-
» tions sont au fond les mêmes, et toutes pour le bon-
» heur du peuple. Je désire que les prochaines sessions
» soient toutes animées du même esprit qui vous a
» guidés. »

FIN.

DE L'IMPRIMERIE DE C. - F. PATRIS , rue de la
Colombe en la cité, n° 4.